Das Fantasy-Kochbuch

Roter Drache in Aspik

Herausgegeben von Sascha Storz

Bassermann

Liebe Leser,

aus einem Land weit hinter den Nebeln, wohin nur wenige Wanderer zu reisen wagen, stammt diese kulinarische Sammlung, welche mir auf dunklen und geheimen Pfaden zugespielt wurde. Obwohl bisweilen recht abenteuerlich, habe ich auch die seltsamsten Rezepte in ihrer ursprünglichen Form belassen und keine Zutat verändert. Lediglich allzu archaische Methoden der Zubereitung mussten – unter erheblichem Aufwand und mit entsprechenden Mühen – angepasst werden; denn wer von Ihnen kocht zu Hause schon an einem *Langbarts Schmiedeofen mit Kochnische Nummer 3*, den er auf rot glühende Hitze vorheizen kann, oder vermag einen *geringeren Feuerelementar* zu beschwören, den der Autor bevorzugt zum Flambieren benutzt. Auch habe ich die verwendeten Mengen auf Maße unserer Welt angepasst. Wir, der Verlag und ich, übernehmen keinerlei Haftung für Sach- oder Personenschäden, die aufgrund der Jagd oder Suche nach einzelnen Ingredienzien für die vorliegenden Rezepte entstehen.

Eine aufregende Zeit beim Kochen wünscht Ihnen

Sascha Storz

Sascha Storz
Herausgeber

Ihr schlichet Euch einst an, an eine Horde Orks, und das Knurren Eures Kriegermagens hat Euch verraten? Ihr musstet einige Wochen reisen in Begleitung eines mürrischen Zwerges und hattet nur elfische Rationen? Ihr meinet, der Aufwand einer Tafel sei an Zeit zu gewaltig, da es noch Drachen zu töten und Jungfern zu erretten gilt?

Geneigter und höchst verehrter Leser,
der Ihr dieses Werk in Händen haltet: Wisset um die Bedeutung des zufriedenen und wohl gefüllten Abenteurer-Bauches!
Dies Buch soll Euch Hilfe und Lehrwerk sein. Es wird Euch Beispiele aufzeigen, Euch mit wenig Aufwand zu sättigen, und es wird Euch anleiten, eine wahre Siegestafel aufzutischen.

Und wenn Euer Magen dann nicht mehr knurrt, Euer Zwerg nicht mehr murrt und Ihr die befreite Jungfer mit Drache in Aspik betört, dann pflichtet Ihr mir sicher bei: Dies Buch ist Goldes wert!

Adalbert Dickbauchens,
von den Dickbauchens aus Groß-Kohlenau

Inhaltsverzeichnis

Gerichte für Zwerge, Barbaren und andere Allesfresser

Basiliskenfilets nach Art der Barbaren 12/13

Vogel Rock in Salzkruste 14/15

Roter Drache in Aspik 16/17

Wolpertingerbraten 18/19

Feuertopf mit Elementarherzen 20/21

Wilder Braten „Waldspaziergang" 22/23

Schlachtfeldsuppe 24/25

Fasan „Siegesfeier" 26/27

Gerichte für Elfen, Prinzessinnen und andere zarte Geschöpfe

Ragout vom gemeinen Kriecherpilz in Quarkblätterteig 30/31

Waldsalat nach Wildelfenart 32/33

Tausendstachlertörtchen „Verzogenes Gör" 34/35

Lagerfeuerraclette 36/37

Junger Riesenkrake nach Ogerart 38/39

Elfenpfanne 40/41

Fraßpilz im eigenen Blute 42/43

Gerichte für Halblinge, Kinder und andere Schleckermäuler

Pfannküchlein „Halblings Paradies“ 46/47

Treant-Apfel „Allesgut“ 48/49

Komposition von Resten Eiserner Rationen 50/51

Parfait „Elfenpalast“ 52/53

Greifeneieromelett „Ogersatt delikat“ 54/55

Beutebrötchen oder Schatzsemmel 56/57

Zerrissener Pfannkuchen „Lagerleben“ 58/59

Gerichte für den kleinen Hunger unterwegs

Halblingsche Buchweizenpfannkuchen 62/63

Immerfisch 64/65

Fürstenfenchel 66/67

Quälgurke im Speckmantel 68/69

Bauernkohl nach Halblingart 70/71

Dickbauchens Knurkselblampsch-Pfanne 72/73

Muscheln nach Art des Schiffbrüchigen 74/75

Gerichte für Zwerge, Barbaren und andere Allesfresser

Ihr erratet, geehrter Leser, dass wir mit Gerichten beginnen, deren Hauptzutat ein großes (manchmal auch ein sehr großes) Stück Fleisch ist. Nicht etwa, weil es an Können besonders wenig oder besonders viel verlangt, ein solches zuzubereiten. Nein, der Grund ist vielmehr darin zu finden, dass jene, die auf Fleisch warten, meist die ungeduldigsten und mürrischsten Esser sind. Glaubet mir, Euren Reisebegleiter, den Barbaren, der an diesem Tag nur ein oder zwei zarte Scharmützel zu genießen hatte, jenen lässt man besser nicht warten. Da Ihr also am Abendfeuer Eure Gedanken zuerst auf Fleischgerichte lenken müsst, ist es nur recht und billig, mit jenen auch in diesem Buch zu beginnen. Zudem ist es praktisch, denn schließlich sind einige der Wesen, die das Unglück haben, Euch auf Euren Abenteuern zu begegnen, durchaus genießbar, so sie recht zubereitet sind. Dann und wann werdet Ihr auch jagen können, wenn Euch dieses Vergnügen nicht verboten ist, weil Ihr vielleicht auf Adelsgrund unterwegs seid (und Ihr Euch an dieses Verbot auch haltet). Doch manchmal ist es einfacher, jenes Ungetüm, das Ihr gerade besieget habt, in den Kochtopf zu werfen.

Basiliskenfilets nach Art der Barbaren

1. Befreit die Filets von Haut und Sehnen und kontrolliert, ob sie nicht gräulich sind, was ein Zeichen für eine basiliskentypische Ungenießbarkeit wäre – die schleichende Versteinerung. Derartige Filets würden Euch schwer im Magen liegen. Würzt sie dann kräftig mit Salz, Pfeffer und Cayennepfeffer.

2. Streicht den Senf gleichmäßig auf die Filets. Erhitzt das Öl in einer Pfanne und bratet die Filets von allen Seiten an, nehmt sie heraus und stellt sie warm.

3. Hackt die Zwiebeln klein und dünstet sie glasig im Bratfett.

4. Gebt die geputzten und klein geschnittenen Pilze zu den Zwiebeln und lasst sie bei mäßiger Hitze 5 Minuten braten.

5. Schmeckt die Pilze mit Salz und Pfeffer ab und hebt die Kräuter darunter.

6. Gebt die Filets wieder zu den Pilzen und erhitzt sie nochmals.

7. Übergießt das Gericht mit dem Gebrannten und flambiert es, richtet an, garniert mit ein paar übrigen Kräutern.

Ihr benötigt für 2 Barbaren oder 4 normale Esser:

- 2 Basiliskenfilets mittlerer Größe (wenn Ihr solche nicht zur Hand habt, nehmt Filets vom Schwein)
- Salz und schwarzen Pfeffer
- einen Hauch Cayennepfeffer
- 2 Suppenlöffel scharfen Senf
- 3 Suppenlöffel Öl
- 2 Zwiebeln
- ein knappes Pfund Austernpilze
- je 2 Suppenlöffel gehackten Dill, Petersilie, Kerbel
- einen kleinen Schuss starker Gebrannter, am besten Slibowitz (2 cl, Anm. d. Red.)

Flambieren will gelernt sein, werter Leser. Der Gebrannte, den Ihr benutzet, wirkt sich geschmacklich auf Eure Gerichte aus, Ihr solltet also nicht vom Terpentin für die Schafe nehmen, sondern immer vom besseren Tropfen.
Zur Kunstform erhob das Flambieren der Leibkoch der Kaiserin Sophla D'Almir. Er ließ beim Anrichten vor Ihrer Majestät Weingeister und Feuerelementare einen komplizierten Tanz aufführen, der genau abgestimmt zum Zusammenstoßen und Verpuffen der Geister führte, wobei sie nur einen lieblichen Duft hinterließen und damit seine Mahlzeiten parfürmierten. Er starbet leider viel zu jung, als ein Weingeist eines Abends unachtsam ward und die Verpuffung das Haar der Kaiserin ansengte. Was uns lehret, wie gefährlich die Kochkunst sein kann.

Vogel Rock in Salzkruste

1. Würzt das Flügelvieh innen mit Salz und Pfeffer. Rosmarin, Lorbeerblatt und die Lebern in das Innere geben. Die Öffnung mit einem Baumwollfaden vernähen.

2. Schürt das Feuer gut an (Backofen auf 160 Grad vorheizen – Anm. der Red.).

3. Mehl, Salz und Wasser in einer großen Schüssel zu einem gleichmäßigen Teig verkneten.

4. Drückt den Teig dann auf einer bemehlten Oberfläche zu einer runden Platte aus.

5. Das Flügelvieh umhüllt mit dem Salzmehlteig, die Ränder drückt fest zusammen. Auf eine feuerfeste Platte legen und unten in den Ofen stellen. In reichlich 1 1/2 Stunden garen. Der originale Vogel Rock braucht natürlich länger, er hängt einen ganzen Tag knapp über der Lava eines Vulkankraters.

6. Das fertige Flügelvieh auf ein Brett stellen und 30 Minuten ruhen lassen. Die harte Kruste mit einem scharfen Messer durchschneiden. Das Geflügel tranchieren und auf einer vorgewärmten Platte anrichten, die Lebern dekoriert daneben.

Ihr benötigt für
2 Barbaren oder
4 normale Esser:

1 ganzes Flügelvieh von 3-4 Pfund (z. B. eine Poularde)
Salz und weißen Pfeffer
einen Zweig Rosmarin
1 Lorbeerblatt
4 Lebern des entsprechenden Geflügelviehs
2 Pfund Mehl
2 Pfund grobes Salz, am besten direkt aus dem Meer
einen halben Liter Wasser

Das Originalrezept stammt von einem Wolkenriesen, und Ihr benötigt dafür unter anderem eine Schiffsladung Mehl, 10 Fässer Salz und eben einen Vogel Rock von 1 Tonne Gewicht. Schmackhaft ist es jedoch mit jeder Art von Geflügel, selbst mit einem einfachen Haushuhn.
Die Wolkenriesen nehmen dazu ein süßes alkoholisches Getränk zu sich, das sie Conorakh nennen, und backen während der Garzeit des Rocks im Vulkan auf den heißen Steinen der Umgebung eine Art riesige Maisfladen, die sie mit Seetang aus großen Tiefen würzen.
Meinem Gaumen mundet dazu aber eher ein süßer Wein, beispielsweise ein Tokay, und als Beilage empfehle ich Maispuffer und einen Kressesalat.

Man hat von mir verlangt, die Rezepte dieses Buches mengenmäßig zu vereinheitlichen. Die Wirklichkeit sieht beim Drachen in Aspik jedoch anders aus:
Ihr habt einen Drachen getötet! Ein Ungetüm überwunden, wie es ungetümlicher kaum ein zweites gibt. Und Ihr glaubt, dass man wirklich nur die Filets zubereitet? Bei denen man nicht mehr zu erkennen vermag, dass es sich um einen Drachen handelt? Wo bleibt da der Ruhm? Wie soll Euch die Schankmaid des nächsten Dorfes bewundern, und warum sollte sie Eure Verletzungen zärtlich pflegen? Nein, die Wirklichkeit sieht ein wenig anders aus: Ihr hängt den Kadaver des Drachen an Eure Pferde und zieht damit zum nächsten Dorf. Auf dem Dorfplatz steht Ihr ein wenig herum und lobpreist Euch selbst für Eure große Tat, sobald genügend Zuhörer anwesend sind. Dann verlangt Ihr die größten Kessel des Dorfes und einige Helfer, um den Drachen fachgerecht zu zerlegen. Sollen doch die Dörfler, die unter dem Ungetüm gelitten, ihn nun selbst verspeisen. Zwischendurch sonnt Ihr Euch im Ruhm. Den Kopf kocht Ihr im Ganzen in einem Kessel aus – er soll Dekoration des Festmahls, später auch Trophäe an Eurer Kaminwand werden. Lasst Euch ein wenig von den Dorfschönheiten bewundern. Alles nutzbare Fleisch wandert mit einem Sack Allesfest-Arabikum in die Kessel. Erzählt die Geschichte der Drachentötung ein weiteres Mal, übertreibt nicht zu sehr. Wenn das Fleisch gar ist und der Aspik eine kühle, kompakte Masse wurde, feiert mit dem ganzen Dorf das Ende des Drachenterrors und trinkt dem Bürgermeister den Weinkeller leer.

Roter Drache in Aspik

1. Das Drachenfilet löst aus, dabei auf die Flammenleiterdrüse und den Knobelnerv achten – jene großzügig entfernen. Das Drachenfilet dann in einem Sud aus Wasser, Salz, Essig und Drachengewürz kochen. (Ebenso mit dem Fisch verfahren, Fischgewürze verwenden, Anm. d. Red.) Abkühlen lassen.

2. Den Tomatensaft, die geschälten, fein gehackten Zwiebeln und den in kleine Würfel geschnittenen Sellerie mit den Gewürzen und 200 ml Wasser in einem Topf kocht auf; lasst es dann etwa 10 Minuten bei schwacher Hitze köcheln.

3. Das Allesfest-Arabikum körnchenweise in die nicht mehr kochende Tomatensauce geben und rühren, bis es sich aufgelöst hat. (Die Gelatine einweichen, ebenso verfahren, Anm. d. Red.)

4. Etwa ein Viertel der Sauce in eine Schüssel geben und im kalten Keller leicht dicklich werden lassen. Dann das in Stücke zerteilte Drachenfilet und die Dill-Gurkenhappen in die Schüssel schichten, mit dem Rest der Sauce begießen und alles im kalten Keller (Kühlschrank, Anm. d. Red.) fest werden lassen. Die Schüssel vor dem Servieren kurz in heißes Wasser stellen, das Aspik auf eine Platte stürzen und mit einigen Drachenschuppen und -zähnen garnieren.

Ihr benötigt für
2 Barbaren oder
4 normale Esser:

1 knappes Pfund Filet vom jungen roten Drachen (das Gericht gelingt recht schmackhaft, wenn man Seelachsfilet verwendet, Anm. d. Red.)
1/2 l Tomatensaft
je 100 g Zwiebeln und Sellerieknolle
Pfeffer, Salz
8 Körner Allesfest-Arabikum (8 Blatt Gelatine, Anm. d. Red.)
200 g Dill-Gurkenhappen

für den Sud:
ausreichend Wasser
Salz
ein wenig Essig
Drachengewürz

Wolpertingerbraten

1. Dem Wolpertinger vorsichtig die Flügel entfernen – darin befindet sich die Knarkzeldrüse, die das Gericht ungenießbar bitter machen würde. Den Wolpertinger dann mit Salz und Pfeffer würzen.

2. Das Olivenöl in einer großen Schmorpfanne erhitzen und den Wolpertinger auf allen Seiten anbraten.

3. Das Gemüse putzt, wascht und schneidet in grobe Würfel. Mit dem Speck im Stück in der Pfanne anschwitzen, bis alles hellbraun ist. Die zerdrückten Wacholderbeeren, die Kräuter und die Tomatenessenz gebt hinzu und röstet alles braun.

4. Mit Rotwein löscht ab, lasst das Ganze zur Hälfte einkochen. Gebt die Brühe bei und lasst aufkochen.

5. Den Wolpertinger in der Pfanne zugedeckt bei guter Hitze (200 Grad, Anm. d. Red.) für 60 Minuten in den Ofen geben und zwischendurch mit Sauce öfter begießen.

6. In einem Topf schmelzt die Butter und schwitzt die Schalotten darin glasig.

7. Die Champignons vierteln, zu den Schalotten geben und auf einer kleinen Flamme 5 Minuten dünsten. Die Pilze nehmt heraus und kocht den Fond ein.

8. Den Wolpertinger aus dem Ofen nehmen und warm stellen.

9. Die Sauce zur Hälfte einkochen und durch ein Sieb zu dem Pilzfond passieren.

10. Den Speck schneidet in kleine Würfel und gebt ihn mit den Champignons in die Sauce. Die Sauce mit Salz und Pfeffer abschmecken und die Kräuter untermischen.

11. Den Wolpertinger auf eine Platte legen und mit der Sauce begießen.

Dazu passen gedünsteter Wirsing und in Butter geschwenkte Nudeln.

Ihr benötigt für 2 Barbaren oder 4 normale Esser:

- 1 enthäuteten und ausgenommenen Wolpertinger von rund 4 Pfund (wenn kein Wolpertinger zur Verfügung steht, nehmt einen Feld- oder Stallhasen)
- 1 kleinen Löffel Salz
- schwarzen Pfeffer
- 6 Suppenlöffel Olivenöl
- 4 Zwiebeln
- 100 g Karotten
- 100 g Lauch
- 100 g Sellerie
- 250 g durchwachsenen Speck
- 20 Wacholderbeeren
- 1 Zweig Rosmarin
- 1/2 Strauß Thymian
- 3 Stengel Petersilie
- 3 Suppenlöffel Tomatenessenz (Tomatenmark, Anm. d. Red.)
- 2 Tassen Rotwein
- 3 Tassen Brühe

sowie:

- 4 Suppenlöffel Butter
- 2 Suppenlöffel gehackte Schalotten
- 1 Pfund Champignons
- 1/2 kleinen Löffel Salz
- schwarzen Pfeffer
- 3 Suppenlöffel gehackte Kräuter (Estragon, Kerbel und Petersilie)

Feuertopf mit Elementarherzen

1. Die Butter erhitzt und den in kleine Würfel geschnittenen Speck bratet darin aus.

2. Die Ochsenbrust schneidet in Würfel, gebt jene zum Speck und bratet sie kurz mit.

3. Die Pfefferschoten grob hacken, mit den mit Salz zerriebenen Knoblauchzehen und den gehackten Zwiebeln zum Fleisch geben und glasig dünsten.

4. Die Paprikaschoten putzt und wascht, schneidet sie in kleine Würfel und gebt sie zum Fleisch.

5. Die Kidneybohnen mit der Bratensauce und dem Elementarherzen dazugeben und alles kräftig würzen.

6. Zugedeckt bei mittlerer Hitze 5–10 Minuten köcheln lassen. Schmeckt ab, serviert.

Feuerelementarherzen sind recht schwierig zu bekommen. Als Geistwesen ist ein Elementar in unsere Welt beschworen, somit gezwungen, hier zu verweilen, und durch Zauber daran gehindert, in seine eigene Existenzebene zurückzukehren. Wenn Ihr im Kampfe ein Elementar vernichtet, wird es nicht etwa getötet, sondern der Bann wird gebrochen, der es in dieser Welt hielt – Ihr werdet so also nicht an Elementarherzen gelangen. Wenn Ihr sie stattdessen kauft, so handelt es sich fast immer um solche aus Beschwörungs-Zuchten. Nehmt nicht die günstigsten, bei jenen werden die Elementare mit minderwertigen Zauberkomponenten beschworen und mit billigstem Holz viel zu schnell gemästet und dann meist nicht fachkundig erledigt und zerlegt. Die Qualität ist entsprechend.

Ihr benötigt für 2 Barbaren oder 4 normale Esser:

- 2 Suppenlöffel Butter
- 100 g durchwachsenen geräucherten Speck
- 400 g gekochte Ochsenbrust
- 2 kleine Pfefferschoten
- Salz
- 2 Knoblauchzehen
- 2 Zwiebeln
- 2 rote Paprikaschoten
- 2 große Becher Kidneybohnen
- 2 Tassen Bratensauce
- 1 Feuerelementarherz, zerkleinert (2 Tassen gewürzter Tomatensaft, z. B. „Sangrita pikante", sind ein ausreichender Ersatz, Anm. d. Red.)
- 1 kleinen Löffel Thymian
- 1 kleinen Löffel Bohnenkraut
- Pfeffer
- 1 kleinen Löffel Paprikapulver
- 1 kleinen Löffel Curry
- 2 Prisen Zucker
- einen winzigen Tropfen Alchemistenscharf Nummer 3 (oder ein wenig Tabasco, Anm. d. Red.)

Meinen ersten Wilden Braten bereitete ich auf meinen Reisen mit einem Gallier namens Arguix. Jener pflegte mittags die Sitte, einen kurzen Spaziergang im Wald zu unternehmen, um nach Pilzen zu suchen oder vielleicht auch nach einer hübschen Maid. Jedenfalls kam er dann und wann mit einem Wildschwein unter dem Arm zurück, das ihm, wie er sagte, „zugelaufen“ sei. Auch wenn Arguix dem Koch und Gourmet in anderer Hinsicht hinderlich war – er neigte dazu, den für die Marinade gedachten roten Weine lange vor der Bratenzubereitung hinunterzustürzen – waren all unsere Reisebegleiter froh über das stärkende Mahl.

Eines Tages jedoch hatte er einen außergewöhnlichen Fang gemacht: Er bracht ein Urwild mit sich. Jenes Tier verfügt über einen derart übersteigerten Selbsterhaltungstrieb, dass selbst das zubereitete und angerichtete Fleisch noch zu fliehen versucht. Daher ist die Zubereitung und auch das Servieren für den Koch wie auch für die Esser ein Abenteuer für sich. Man sagt übrigens, das Marinieren in Alkohol wäre erfunden worden, um den Wilden Braten während der Zubereitung zu beschwipsen und ruhig zu halten. Sei es wie es sei, ich empfehle als Getränk zum Braten jedenfalls den gleichen Weine wie für die Marinade, doch nehmt einen älteren Jahrgang und bewachet ihn gut vor Euren Reisegefährten.

Wilder Braten „Waldspaziergang“

Ihr benötigt für 2 Barbaren oder 4 normale Esser:

für den Braten:
3 Pfund Fleisch vom Urwild mit Knochen – Keule oder Rücken (auch mit normalem Wildschwein ist dies eine vorzügliche Mahlzeit, allerdings weniger abenteuerlich)
200 g geräucherten Speck am Stück
2 große Zwiebeln
2 Suppenlöffel Olivenöl
50 g Butter
2 Suppenlöffel Mehl
4 Knoblauchzehen
Salz und schwarzen Pfeffer

für die Marinade:
1 große Zwiebel
3 Möhren
3 große Schalotten
3 Knoblauchzehen
2 l kräftigen Rotwein (einen für die Marinade, den anderen wird Euch der Krieger Eurer Truppe während der Zubereitung wegtrinken)
6 Stiele Petersilie
5 Zweige Thymian
5 Zweige Bohnenkraut
1 kleine Stange Bleichsellerie
5 Lorbeerblätter
4 Nelken
10–20 Wacholderbeeren
1 Suppenlöffel Zucker
5 Suppenlöffel Olivenöl
einen Barbarentropfen Cognac oder Trester (10 cl, Anm. der Red.)
Salz und schwarzen Pfeffer

1. Schält für die Marinade Eure Zwiebeln, Möhren, Schalotten und den Knoblauch und schneidet daraus Scheiben. Gebt alles in den Riegeltopf und bedeckt es mit dem roten Weine.

2. Wascht Petersilie, Thymian und Bohnenkraut, schüttelt es trocken. Putzt und wascht den Bleichsellerie. Gebt alles zusammen mit dem Lorbeerblatt, den Nelken, den Wacholderbeeren, dem Zucker, dem Olivenöl und dem Trester zur Marinade.

3. Gebt vorsichtig Salz und Pfeffer zu und mischt alles gut. Hakt das Urwildfleisch an die gesicherte Kette. Wascht es und tupft es trocken. Wendet es dann in der Marinade und stellt das Ganze zugedeckt und verriegelt mindestens einen halben Tag in den kühlen Keller (mindestens 12 Stunden in den Kühlschrank, Anm. d. Red.). Derweil wendet Ihr das Fleisch mehrmals und achtet darauf, dass es Euch nicht entwischt.

4. Nehmt das Fleisch nach der Ruhezeit aus der Marinade und lasset es gut abtropfen. Es sollte von der Marinade nun zu beschwipst sein, um noch davonzulaufen. Wer sicher gehen will, hakt wieder den Fleischhaken ein. Gießt die Marinade durch ein Sieb in eine Schüssel, bewahrt die kostbaren Zutaten alle auf. Den Speck schneidet Ihr mit der Schwarte in Würfel, Ihr schält die Zwiebeln und hackt sie fein.

5. Olivenöl und Butter erhitzt Ihr im großen Topf und bratet das wilde Fleisch darin von allen Seiten bei mittlerer Hitze goldbraun an – wenn es Euch nun aus dem Topf springt, war der Wein Eurer Marinade nicht gut genug oder die Marinierzeit zu kurz bemessen. Wenn das Fleisch ein wenig Farbe hat, den Speck zugeben und knusprig anbraten.

6. 3 Minuten später die Zwiebeln zum Fleisch geben und während Ihr rührt, kurz andünsten. Das Ganze dann mit Mehl bestreuen, umrühren und 1–2 Minuten anschwitzen lassen, bis das Mehl hellbraun wird.

7. Die durchsiebte Marinade gießt nun hinzu. Den Knoblauch schälen und hacken und zugeben. Die Marinadekräuter aus dem Sieb zu einem Sträußchen binden und mit in den Topf geben. Gut salzen und pfeffern.

8. Zugedeckt und verriegelt etwa 2 Stunden bei kleiner Hitze köcheln lassen. Nach der Hälfte der Garzeit den Braten wenden. Wenn das Fleisch gar ist, reduziert die Sauce bei großer Hitze, dass sie Euch genehm sei. Vor dem Servieren nehmt den Kräuterstrauß aus der Sauce.

Spezialzubehör:
einen schweren Riegeltopf mit Kettenhalterung (z. B. Modell „Ausbruchsicher Mk3“ aus Stahlbart Feuerambosses Zwergenschmiede),
eine Sicherheitskette mit Fleischhaken, passend zum Topf.

Schlachtfeldsuppe

1. Reibt das Fleisch ab und schneidet es in daumendicke Würfel.

2. Schält und würfelt die Zwiebeln. Schält und hackt den Knoblauch. Bratet beides in einem großen Topf mit ein wenig Schweineschmalz glasig und schiebt es zur Seite.

3. Bratet das Fleisch nach und nach im restlichen Schmalz kräftig an. Dann erst stäubt den edelsüßen Paprika darüber und lasst alles vom Fett durchtränken. Rührt den rosenscharfen Paprika, das Tomatenpüree, die Brühe und den Rotwein unter.

4. Schmeckt das Fleisch mit Salz, Kümmel und Majoran ab und lasst es zugedeckt bei milder Hitze eine Stunde schmoren.

5. Schneidet die beiden Paprikaschoten an den Nahtstellen auf, befreit sie von den Samen und schneidet sie in mittelgroße Würfel. Gebt sie nach 30 Minuten zur Suppe.

6. Schneidet von den Brotlaiben oben den Deckel ab. Löst die Krume aus Deckeln und Laiben. Gut daumendick sollte der Brotrand nun sein. Füllt die Suppe in die Laibe und legt den Deckel darauf.

7. Die Laibe im heißen Ofen etwa 10 Minuten erhitzen, dann rasch servieren. Wenn Ihr die Suppe ausgelöffelt habt, genießt das Brot mit kalter Butter und Salz. Ein nicht zu schwerer Roter oder besser noch ein kühles Bier passen vorzüglich.

8. Bewahrt die Krume auf für Paniermehl oder für Offiziersbrötchen.

Ihr benötigt für 2 Barbaren oder 4 normale Esser:

- 300 g Fleisch undefinierbarer Herkunft zum Schmoren (wir empfehlen Rind, Anm. d. Red.)
- 300 g anderes Fleisch undefinierbarer Herkunft (Schweinekamm, Anm. d. Red.)
- 300 g Zwiebeln
- 2 Knoblauchzehen
- 60 g Schweineschmalz
- 2–3 Suppenlöffel edelsüßen Paprika
- 1–2 Suppenlöffel rosenscharfen Paprika
- 1 Pfund passierte Tomaten
- 5/8 l kräftige Fleischbrühe
- 1/8 l kräftigen roten Wein
- Salz
- 1 kleinen Löffel Kümmel
- 1/2 kleinen Löffel gerebelten Majoran
- 2 rote Paprikaschoten
- 4 Roggenbrotlaibe à 400 g

Schlachtfeldsuppe kommt in dieser oder jener Form in allen uns bekannten Welten vor. Man kann sie vor, während oder nach der Schlacht genießen, ob es regnet oder schneit, windet oder stürmt. An Fleisch nimmt man, was man gerade hat – Schaf, Rind, Schwein oder Huhn, oder auch Pferd, Ratte, Teufelswidder und Tundrabiest. Gibt man genügend scharfe Gewürze hinzu, kann der Soldat das Fleisch so oder so nicht mehr zu seinem ursprünglichen Besitzer zurückverfolgen. Es sei allerdings geraten, die Schlachtfeldsuppe niemals *nach* der Schlacht zu sich zu nehmen, wenn vor der Schlacht die Vorräte längst zur Neige gegangen waren. Vertraut niemals einem Militärkoch!

Fasan „Siegesfeier"

1. Die Vögel würzt innen und außen mit Salz und Pfeffer.

2. Das Olivenöl erhitzt und bratet die Vögel auf der Brustseite an, danach legt sie auf den Rücken. Für 30 Minuten bei dunkelgelber Flamme in den Ofen geben (200 Grad, Anm. d. Red.).

3. Die Karotten in Stifte, den Speck in Streifen schneiden. Die Pilze viertelt.

4. Beide Fasane in eine Backterrine legen.

5. Die Speckstreifen in der Pfanne rösten, die Schalotten, Champignons, Karotten und Petersilie dazugeben, glacieren und zu den Vögeln geben.

6. Den Madeira, den Cognac und den Bratensaft mit den zerdrückten Wacholderbeeren zur Hälfte einkochen und ebenfalls zum Federvieh gießen, gut auskühlen lassen.

7. Den Blätterteig rollt mit etwas Mehl vorsichtig aus. Legt ihn dann ausgerollt als Deckel auf Eure Terrine, dass er knapp doppelt daumenstark über den Rand hängt. Den Terrinenrand bestreicht mit Eigelb, den Blätterteig legt darüber und drückt ihn am Eigelb-Rand an.

8. Den Blätterteig mit dem restlichen Eigelb bestreichen und 15 Minuten ruhen lassen. Im Ofen für 40 Minuten ausbacken (200 Grad, Anm. d. Red.).

Dazu passen vorzüglich Butterkartoffeln.

Ihr benötigt für
2 Barbaren oder
4 normale Esser:

- 2 Fasane, jeder davon 2 Pfund schwer
- 1/2 kleinen Löffel Salz
- schwarzen Pfeffer
- 4 Suppenlöffel Olivenöl
- 300 g Karotten
- 150 g geräucherten Speck
- 300 g Champignons
- 2 Suppenlöffel gehackte Schalotten
- 2 Suppenlöffel gehackte Petersilie
- 2–3 Suppenlöffel Madeira
- 1 Suppenlöffel Cognac
- 1 1/2 Tassen Bratensaft
- 10 Wacholderbeeren
- 300 g Blätterteig
- 1 Tasse Mehl
- 2 Eigelbe

Gerichte für Elfen, Prinzessinnen und andere zarte Geschöpfe

Auf den folgenden Seiten werdet Ihr, geneigter Leser, Gerichte finden, die in der Mehrzahl auf Fleisch verzichten, nichtsdestotrotz schmackhaft und wohlbekömmlich sind. Warum ohne Fleisch, fragt Ihr Euch? Vielleicht hattet Ihr ja eine Weile kein Glück bei der Jagd, konntet auch keine Keule erwerben und kein Rind rauben. Vielleicht reist Ihr aber auch mit einem Elfen, und jenem ist das Verspeisen eines Tieres zuwider? Oder Ihr habt ein holdes Geschöpf, vielleicht gar eine Fürstentochter oder Prinzessin aus den Klauen einer Horde Orks oder Goblins befreit. Wäre es dann geraten, der Dame ein blutiges Steak zu servieren? Ihr merkt, von so weit ist er nicht hergeholt, der Fall der fleischlosen Mahlzeit.

RIP

Ragout vom gemeinen Kriecherpilz in Quarkblätterteig

1. In einer Schüssel das Weizenmehl, die klein geschnittene Butter, den Quark und das Salz kurz verkneten

2. Dann den Teig 2 bis 3 mal falten. Dazu den Teig zu einem Band ausrollen, von beiden Seiten zur Mitte hin einschlagen, dann zusammenklappen und wieder auswellen. Das Ganze 2–3 mal wiederholen, nach jedem Mal Falten den Teig kühl stellen.

3. Die Zwiebel schält und schneidet in feine Scheiben. Den Kriecherpilz putzt gut, wascht ihn kurz in Zitronenwasser (oder in geweihtem Wasser, wenn er auf Untoten wie Skelettkriegern wuchs), tupft trocken und schneidet ihn in feine Scheiben.

4. Das Öl erhitzen, die Zwiebelscheiben darin andünsten und dann herausnehmen. Den Kriecherpilz in der gleichen Pfanne dünsten, schmeckt dann ab mit dem Kräutersalz und den Gewürzen.

5. Das Mehl dazugeben und anschwitzen. Die Eigelbe mit der Sahne mischen und mit den Zwiebeln zu den Pilzen geben. Kurz erhitzen, aber nicht kochen lassen. Das Ragout mit der fein gehackten Petersilie bestreuen.

6. Den Ofen gut anheizen (225 Grad, Anm. d. Red.). Den Teig dünn ausrollen, in Quadrate von 10 x 10 cm schneiden.

7. Auf die Quadrate etwas Pilzfüllung geben, die Ecken zur Mitte hin einschlagen.

8. Das Eigelb und die Milch verquirlen und die Teilchen damit bestreichen. Die Teigtaschen auf ein Backblech setzen. In 20 bis 25 Minuten goldgelb backen, 10 Minuten vor Garende mit dem Käse bestreuen.

Der gemeine Kriecherpilz gehört zur Familie der Seltsamen Wanderpilze *(Fungus obscurus migrans)*. Er kommt recht häufig in Grüften vor, die er auf der Suche nach feuchten Stellen und Nahrung durchstreift. Bisweilen lässt er sich auch auf den Gruftbewohnern nieder – ob er dabei als Parasit oder als Symbiont auftritt, ist der Wissenschaft noch unklar. Er ist essbar und sehr schmackhaft, man sollte vom mitreisenden Kleriker oder Paladin jedoch einige Riten und Segen sprechen lassen, wenn man ihn von den Überresten eines Untoten pflückt. Nicht ratsam ist es, nämlichen Kriecherpilz von Grünschleim oder Schwarzpudding zu ernten, da es nach dem Verzehr fast immer zu Vergiftungserscheinungen kommt.
(Aus Dr. Draus Drakaä „Pilze und andere Sporengewächse – ein Leitfaden für den Gruftforscher".)

Ihr benötigt für
2 Barbaren oder
4 normale Esser:

für den Teig:
ein halbes Pfund Mehl
200 g kalte Butter
ein halbes Pfund Quark
1/4 eines kleinen Löffels Salz

für das Ragout:
1 große Zwiebel
400 g vom gemeinen Kriecherpilz (es mundet aber auch mit anderen Pilzen wie z. B. braunen Champignons)
Saft einer Zitrone
3 Suppenlöffel Olivenöl
Kräutersalz
geriebene Muskatnuss
schwarzen Pfeffer
1 bis 2 Suppenlöffel feines Weizenmehl
2 Eigelbe
5 Suppenlöffel Sahne
1 Suppenlöffel gehackte Petersilie

sowie:
1 Eigelb
1 Suppenlöffel Milch
50 g geriebenen Käse (Emmentaler)

Waldsalat nach Wildelfenart

1. Die Schmausgrünblätter schneidet in kleine Würfel.

2. Die Zwiebeln würfelt fein.

3. Die Jammerwurz schneidet in kleine Würfel.

4. Das Fett in einer Pfanne erhitzen, die sauber geputzten und klein geschnittenen Pilze darin glasig schwitzen.

5. Vom Feuer nehmen und erkalten lassen

6. Den Kopfsalat putzen, waschen und eine Schüssel damit auslegen.

7. Die anderen Salatzutaten miteinander vermischen.

8. Für die Salatsauce den Weißwein, den Essig und die Sahne miteinander glatt rühren.

9. Mit Salz, Pfeffer und den Preiselbeeren abschmecken.

10. Mit dem Sambuca aromatisieren.

11. Den Salat damit anmachen.

12. Auf den Kopfsalatblättern verteilen und mit der frisch gehackten Petersilie bestreut servieren.

Ihr benötigt für 4 normale Esser (Barbaren rühren dies nicht an):

ein halbes Pfund Schmausgrünblätter (ein bei den Wildelfen beliebtes Gewächs mit dicken Blättern von eigenem Geschmack – habt Ihr keine oder soll ein Fleischesser auch Gefallen an dem Salat finden, nehmt ein halbes Pfund Wildfleisch, gebraten oder gekocht)
2 Zwiebeln
150 g Jammerwurz (oder gekochter Schinken, je nach Geschmack)
4 Suppenlöffel Butter
200 g frische Pfifferlinge
200 g frische Steinpilze
1 Kopfsalat

für das Dressing:
1 Tasse Weißwein (z. B. Morgentaulese vom Weingut Laurolasthas Windfänger)
1/2 Tasse Essig
1 Becher Sahne
1 kleinen Löffel Salz
1/4 kleinen Löffel weißen Pfeffer
2 Suppenlöffel Preiselbeeren
einen knappen halben Barbarentropfen Sambuca Molinari (4 cl, Anm. d. Red.)
1 Bund Petersilie

Tausendstachlertörtchen „Verzogenes Gör“

1. Mehl und Salz gebt in eine Schüssel. Die Butter in Stücke schneiden und dazugeben. Zu einer krümeligen Masse rasch verreiben. Das Ei hinzufügen. Den Teig verknetet schnell, aber nur so lange, wie er zusammenhält. Den Teig umhüllt in den kalten Keller stellen (in Klarsichtfolie hüllen und 1 Stunde in den Kühlschrank stellen, Anm. d. Red.).

2. Inzwischen die Bohnen in wenig Wasser zugedeckt in 35 Minuten weich garen. Die Tausendstachler (mit Kardonen verfahrt Ihr genauso) putzen, dabei die dicksten Stiele und die Blätter entfernen. An den Stielen die Fäden abziehen. Die Stiele waschen und in 2 cm lange Stücke schneiden.

3. Den Essig zusammen mit 1 Liter Wasser in einem Topf aufkochen, den Tausendstachler darin etwa 5 Minuten blanchieren. Abgießen und abtropfen lassen.

4. Die Butter in einem Topf zerlassen, die Tausendstachlerstücke darin zugedeckt etwa 10 Minuten dünsten. Die Bohnen abgießen, abtropfen lassen und zusammen mit dem Tausendstachler vermengen.

5. Den Ofen anheizen (auf rund 200 Grad, Anm. d. Red.). Den Teig auf der bemehlten Arbeitsfläche etwa 3 mm dick ausrollen. Die Backformen mit Butter ausfetten. Aus dem Teig 4 runde Platten (etwa 13 cm Durchmesser) ausstechen und vorsichtig in die Förmchen legen. Die Ränder fest andrücken, den überstehenden Teig glatt abschneiden. Das Gemüse darauf verteilen. Den Käse klein schneiden und über die Füllung geben.

6. Für den Guss die Sahne zusammen mit dem Ei gut verquirlen und die Petersilie unterrühren. Das Ganze salzt, pfeffert und gießt über die Gemüsefüllung. Die Törtchen auf der mittleren Schiene in etwa 20 Minuten backen.

Ihr benötigt für 4 kleine Törtchen:

für den Teig:
- 350 g Mehl
- 1 kleinen Löffel Salz
- 180 g kalte Butter
- 1 Ei

für die Füllung:
- 300 g frische Saubohnen
- 600 g Tausendstachler (oder Kardonen, besser bekannt als Gemüseartischocken)
- 2 Suppenlöffel Essig
- 2 Suppenlöffel Butter
- 150 g eines guten Weichkäses (z. B. Bel Paese)

für den Guss:
- 200 g süße Sahne
- 1 Ei
- 3 Suppenlöffel gehackte Petersilie
- Salz
- schwarzen Pfeffer

sowie:
- 1 Suppenlöffel Butter für die Formen
- Mehl für die Arbeitsfläche

Der Tausendstachler ist einer der unangenehmsten, jedoch auch wohlschmeckendsten Vertreter der Distelfamilie. Daher auch der Beiname des Gerichts – es ist vielerorts eine übliche Strafe, vom rechten Wege abgekommene junge Mädchen oder zu freche Knaben mit dem Pflücken und Putzen der Tausendstachler zu betrauen. Ungeübte Putzer leiden noch Wochen nach der Tortur an den fiesen Pieksern dieser wehrhaften Pflanze. Es gibt daher eine große Menge Nachahmertörtchen, die vom Geschmacke nicht ganz an das „Verzogene Gör“ herankommen, jedoch nicht so unangenehm zu bereiten sind. Die in meinen Augen beste Alternative zwischen Schmerz und Genuss ist die Variante mit Kardonen.
Wenn Ihr Euch nun fragt, warum dies Gericht bei „… für Prinzessinnen …“ steht, dann seid Ihr noch nie eine ganze Woche mit einer gereist.

Lagerfeuerraclette

1. Die Kartoffeln gebt mit dem Kümmel, dem Majoran und dem Salz in einen Topf, gießt Wasser an und kocht alles für 10 Minuten.

2. Schnittlauch, Petersilie und das andere Gemüse richtet Ihr hübsch an.

3. Die Edelsalami und das Bündner Fleisch schneidet in hauchdünne Scheiben und richtet es mit den Forellenfilets an.

4. Die gekochten Kartoffeln gart am Lagerfeuerrand zu Ende, achtet darauf, dass sie nicht verkohlen.

5. Den Bergkäse schneidet in Stücke, spießt jene auf 1 Holzstock pro Person (oder 2 pro Barbar) und lasst sie im Feuer schmelzen. Mit einem Messer die geschmolzene Schicht abschaben.

6. Die Kartoffeln vom Feuerrand nehmen, den warmen, geschmolzenen Käse darüber geben und zu den übrigen Zutaten servieren, nach Geschmack und Geldbeutel schärft mit Pfeffer.

Ihr benötigt für
2 Barbaren oder
4 normale Esser:

- 2 Pfund Kartoffeln
- 1 Suppenlöffel Kümmel
- 1 Suppenlöffel Majoran
- 1 Suppenlöffel Salz
- 1 Tasse frisch gehackten Schnittlauch
- 1 Tasse frisch gehackte Petersilie
- 1 Tasse Perlzwiebeln
- 1 Tasse gemischtes eingelegtes Gemüse (Mixed Pickles, Anm. d. Red.)
- 1 Tasse Rote-Beete-Salat
- 1 Tasse Kürbissalat
- 150 g Edelsalami
- 150 g Bündner Fleisch
- 4 geräucherte Forellenfilets
- 1 kg Bergkäse (z. B. Appenzeller, Tilsiter, Emmentaler)
- gemahlenen schwarzen Pfeffer
- Stangenweißbrot

Es sei nur kurz angemerkt, dass ein Lagerfeuerraclette in freundschaftlicher Gesellschaft zu den angenehmsten Dingen gehört, die man nach einem harten Abenteurertag betreiben kann. Es ist jedoch dringend davon abzuraten, es Ausgezehrten oder bis dato Hungernden anzubieten, da aus dem Lagerfeuerraclette in diesem Fall schnell eine Lagerfeuerschlacht werden kann: Das Essen dauert ein wenig, die Zutaten sind zwar schmackhaft, aber nicht allzu reichlich vorhanden und nicht zuletzt hat jeder Mitesser mit dem angespitzten Stecken gleich eine Waffe zur Hand. Der kluge Koch bereitet in ungewissen Fällen die Mahlzeit im Kettenhemd zu, trägt ein großes, schweres Küchenbeil gut sichtbar mit sich herum und begrüßt die Gäste mit einem irren Grinsen.

Junger Riesenkrake nach Ogerart

1. Die Tintenfische putzt. Mit Olivenöl bestreichen und mit Salz und Pfeffer würzen.

2. Die Eier für die Sauce sollten wie das Öl Raumtemperatur haben – holt beides früh genug aus dem Keller.

3. Die Knoblauchzehen schält und zerhackt. Die Eigelbe dazumischen, das Ganze 20 Minuten beiseite stellen. Die Pfefferschote entkernt und schneidet in sehr kleine Würfel.

4. Das Öl tropfenweise (das ist wichtig!) unter die Eier arbeiten. Wird die Sauce zu dick, kann man 1–2 Suppenlöffel warmes Wasser darunter mischen. Mit Salz, Zitronensaft und Pfefferschote abschmecken.

5. Glühende Kohlen auf ein leicht erhöhtes Blech geben, die Tintenfische darunter schieben und von beiden Seiten leicht grillen. Oder Ihr bittet einen befreundeten Feuerzauberer um Hilfe – beim Grillen sind jene ohnehin kaum zu übertreffen (Backofengrill, oberstes Schubfach, einmal wenden, Anm. d. Red.).

6. Reicht dazu frisches Brot und trinkt einen zarten Rosé.

Die Oger nehmen für dieses Rezept tatsächlich Riesenkraken, für uns ein wenig kleinere Gesellen empfehle ich jedoch auch die kleineren Verwandten: Tintenfische.

Ihr benötigt für 2 Barbaren oder 4 normale Esser:

- ein reichliches Pfund kleine, zarte Tintenfische
- Olivenöl
- Salz
- Pfeffer

Sauce:

- 4-6 große Knoblauchzehen
- 2 Eigelbe
- 1 kleine, scharfe rote Pfefferschote
- 1/4 l Olivenöl
- Salz
- 1 Suppenlöffel Zitronensaft

Das Originalrezept stammt aus Ogerkreisen und ist ein rituelles Mahl. Am Abend vor dem Frühlingsfest messen sich die mannwerdenden Ogerjünglinge in allen Kraftdingen. Dazu gehört auch, eine Art Tauziehen mit einem jungen Riesenkraken zu veranstalten. Siegt der Oger, so wird der Krake abends verspeist und soll für die Nacht zusätzliche Manneskräfte verleihen. Siegt der Krake … .
Ihr fragt Euch, warum auch dieses Rezept in diesem Kapitel zu finden ist? Nun ja, ich erhielt es von einer recht rustikalen Ogerprinzessin, die nichts mehr liebt, als jenen Wettkämpfen beizuwohnen. Noch Fragen?

Elfenpfanne

1. Das Fett erhitzt in einem Topf. Schwitzt die feingehackten Zwiebeln darin glasig.

2. Den Reis gebt dazu und röstet ihn kurz an.

3. Mit dem Weißwein angießen und bei offenem Deckel verdampfen lassen.

4. 2 Tassen Fleischbrühe gebt hinzu und kocht alles bei mittlerer Hitze.

5. Rührt öfter um und gebt nach und nach die restliche Brühe zu.

6. Nach etwa 18 bis 20 Minuten ist der Reis fertig, dann schmeckt ab mit Salz und Pfeffer.

7. In der Zwischenzeit in einer Pfanne Butter auslassen und die in feine Würfel geschnittene Jammerwurz dazugeben und anbraten.

8. Die verlesenen, geputzten Pfifferlinge dazugeben und kurz mitschwitzen.

9. Die Tomaten enthäuten, entkernen, klein würfeln, zu den Pfifferlingen geben.

10. Die verlesene, gewaschene und fein gehackte Petersilie darüber verteilen und mit der Sahne angießen.

11. Bei mittlerer Hitze 5 Minuten köcheln lassen.

12. Die Pfifferlinge mischt unter den fertigen Reis, schmeckt nochmals ab und serviert.

Ihr benötigt für
6 Elfen oder
4 normale Esser:

50 g Butter
2 Zwiebeln
300 g Rundkornreis
1 Tasse Weißwein
etwa 1 l gut gewürzte Fleischbrühe
Salz und schwarzen Pfeffer

sowie:
2 Suppenlöffel Butter
100 g geräucherte Jammerwurz (oder durchwachsenen geräucherten Speck)
300 g Pfifferlinge
4 Tomaten
1 Bund Petersilie
1 Tasse Sahne

Hier habt Ihr eine echte Elfenmahlzeit: Fleischlos, langweilig, leicht zu bereiten und somit bar jeder Herausforderung. Nicht einmal anständig gewürzt. Warum Ihr diese Mahlzeit dann hier in *meinem* Buch findet? Nun, der Verleger ist ein Elf, mehr will ich dazu gar nicht sagen, nur, dass ich diesen Satz hier nach den letzten Korrekturen eingefügt habe, jawohl!

Fraßpilz im eigenen Blute

1. Die Fleischtomaten blanchiert, häutet, entkernt und schneidet in kleine Würfel.

2. Für die Vinaigrette den Rotweinessig so lange mit dem Salz verrühren, bis es sich aufgelöst hat. Pfeffer zufügen, 4 Suppenlöffel Olivenöl mit dem Schneebesen unterschlagen, bis die Marinade cremig ist. Die Tomatenwürfel unterheben. Das Basilikum in feine Streifen schneiden und unterheben.

3. Den Fraßpilzen mit einer Pinzette vorsichtig die Zähne ziehen, dabei Plattenpanzerhandschuhe tragen. Die harten Stellen abschneiden, abbrausen, trocken tupfen und vierteilen. Das auslaufende Fraßpilzblut zu den Tomaten geben und unterrühren.

4. Das restliche Olivenöl in einer großen Pfanne erhitzen und die Fraßpilze darin beidseitig kräftig anbraten, dabei die Pilze mit einem Löffel flach drücken, sodass das Pilzblut vollständig aus dem Pilz austritt. Den Tropfen Geisterdank genau in die Mitte der Speise geben, dreimal gegen den Sonnenlauf umrühren, dann zweimal mit dem Sonnenlauf umrühren. Den Geistern danken (wichtig!). Den Knoblauch schälen und hacken und auf die Fraßpilze geben. Alles salzen und pfeffern.

5. Die Fraßpilze mit einem Klacks der Tomaten-Blut-Vinaigrette auf den Tellern verteilen, dabei ein weiteres Mal den Geistern danken.

Dazu Stangenweißbrot servieren und einen leichten Rotwein genießen.

Ihr benötigt für
8 Prinzessinnen oder
4 normale Esser:

2 Fleischtomaten
3 Suppenlöffel Rotweinessig
Salz
schwarzen Pfeffer
8 Suppenlöffel Olivenöl
1 Bund Basilikum, abgezupft
600 g Fraßpilze (zur Not gehen auch Austernpilze)
1 Tropfen Geisterdank vom Alchemisten (wir konnten keine Entsprechung finden, Anm. d. Red.)
4–5 Knoblauchzehen.

Fraßpilze *(Fungus devorans inebrians)* gehören zu den seltsamsten Vertretern ihrer Art. Sie sind leidlich intelligent und haben eine Gesellschaft aufgebaut, die auf dem Zusammenleben in Kommunen und auf Kannibalismus basiert. Die Einzelheiten sind ebenso widerwärtig, wie der Pilz wohlschmeckend ist. Wichtige Nebenwirkung des Genusses von Fraßpilzen ist für den Esser die Öffnung zur Geisterwelt. Die Schamanen der Wildelfen nutzen diesen Pilz seit Jahrhunderten, um die Geheimnisse der Schöpfung und andere Unwesentlichkeiten zu erfahren. Sollte Euch jedenfalls ein mitreisender Adelsspross einmal zu sehr auf die Nerven gehen, könnt Ihr ihn mit Fraßpilzen ganz einfach und politisch korrekt ruhig stellen.

Gerichte für Halblinge, Kinder und andere Schleckermäuler

Von unübertroffenem Genuss will ich auf den folgenden Seiten berichten, werter Leser. Ihr habt es schon erraten, es sind die süßen Speisen, die nun folgen. Geeignet, die Moral zu heben oder auf des mürrischsten Zwerges Gesicht ein Lächeln zu zaubern wie kein anderes Mahl. Süßspeisen sind des Küchenchefs Ausdruck von Lebensfreude, von allem Liebenswerten und insgesamt einfach zu fantastisch, als dass Worte den wirklichen Hochgenuss auch nur annähernd beschreiben könnten. Verzichtet auf Euren Reisen nicht darauf, es wäre ein Jammer.

Pfannküchlein „Halblings Paradies“

1. Verrührt das Mehl und die Milch zu einem glatten, geschmeidigen Teig. Schmeckt mit Salz und Apfeldicksaft ab, bis er Euch gelungen scheint. Lasst den Teig dann 30 Minuten quellen.

2. Verlest und wascht die Holunderbeeren. Wascht und viertelt die Äpfel, entfernt das Kerngehäuse und schneidet sie in sehr kleine Würfel. Mit den Holunderbeeren auf kleinster Flamme dünsten (entsteht sehr viel Flüssigkeit, so bindet diese mit ein wenig Mehl).

3. Schmeckt die Früchte ab mit Honig, Zimt und Zitronenschale. Lasst sie abkühlen.

4. Die Sahne steif schlagen und unter die kalte Fruchtmasse heben.

5. Das Ei unter den Teig rühren und daraus vorsichtig in heißem Butterschmalz kleine Pfannküchlein backen.

6. Mit der Frucht-Sahne-Mischung füllen und sofort servieren.

Ihr benötigt für
1 Halbling oder
4 normale Esser:

für den Teig:
150 g feines Mehl
300 ml Milch
Salz
einige Tropfen Apfeldicksaft

für die Füllung:
200 g Holunderbeeren
2 Äpfel
ein wenig Mehl
Honig nach Geschmack
1 Prise Zimt
etwas abgeriebene Schale einer Zitrone
100 g Sahne

sowie:
1 Ei
Butterschmalz zum Ausbacken

Treant-Apfel „Allesgut"

1. Dem Treanten dafür danken, dass er Euch seine Äpfel zur Verfügung stellt. Erledigt das am Vortage, wenn möglich, denn es kann eine Weile dauern, wenn der Treant auf einen kleinen Plausch aus ist.

2. Die Äpfel entkernen, eine feuerfeste Form ausfetten und die Äpfel einsetzen.

3. Den Weißwein, den Marsala und den Weinbrand angießen und den Zucker darüber verteilen.

4. Im gut angefeuerten Ofen 15–20 Minuten garen (vorgeheizter Backofen, 220 Grad, Anm. d. Red.).

5. In der Zwischenzeit das Marzipan mit den Sultaninen, der Sahne und den gehackten Pinienkernen verrühren. Die Hälfte davon beiseite legen und vernaschen.

6. 5 Minuten vor Garende die restliche Marzipanmasse auf den Äpfeln verteilen und mitbacken.

Ihr benötigt für
1 Halbling oder
4 normale Esser:

4 Äpfel vom Apfelbaum-Treanten
4 Suppenlöffel Butter
1 Tasse Weißwein
1/2 Tasse Marsala
einen knappen Barbarentropfen Weinbrand (4 cl, Anm. d. Red.)
4 Suppenlöffel Zucker

sowie:
200 g Marzipan
6 Suppenlöffel Sultaninen
6 Suppenlöffel Sahne
100 g gehackte Pinienkerne

Treanten, auch Baumriesen oder Baumhirten genannt, leben meist zurückgezogen in den großen Wäldern, weitab jeder menschlichen Siedlung. So ist es also kein Wunder, wenn der eine oder andere Abenteurer auf seiner Suche nach Ruhm, Reichtum und Ehre gelegentlich auf einen solchen Treanten trifft. Es gibt sie in allen Arten – also Eichenriesen, Buchenriesen, Ahornriesen, aber eben auch die Obstbaum-Treanten wie Apfel, Birne oder Pflaume. Früchten, welche vom Treanten freiwillig zur Verfügung gestellt werden, sagt man zaubergleiche Wirkungen nach – weshalb sie auf den Märkten Höchstpreise erzielen. So soll beispielsweise der Treantapfel die Bereitschaft des Essers stärken, zu verzeihen. Und wenn Ihr die Äpfel nach obigem Rezept zubereitet, so kann ich Euch versichern, was immer Ihr auch angestellt habt: Alles wird gut.

Komposition von Resten Eiserner Rationen

1. Aus dem letzten Reiseproviant klaubt zuerst etwaige Fleischzulagen. Die Reste der Eisernen Rationen mit dem Weißwein und Wasser gebt in einen Topf.

2. Fügt die Zimtstange, den Vanillezucker, den Zitronensaft und den Saft von Orangen hinzu und lasst alles bei mittlerer Hitze 10–15 Minuten köcheln.

3. Das Mehl derweil mit der Milch, dem Ei, dem Öl und dem Zucker, dem Salz und dem Vanillezucker zu einem glatten Teig verrühren.

4. Gebt ihn in eine große, gefettete Pfanne und backt ihn im gut warmen Ofen 10–15 Minuten (vorgeheizter Backofen, 180 Grad, Anm. d. Red.).

5. In der Zwischenzeit lasst die Butter zerlaufen und karamellisiert den Zucker darin. Die gehobelten Mandeln, die Pistazien und die Pinienkerne gebt hinzu, erst dann verrührt das Ganze miteinander.

6. Die Nüsse mit dem Rationen-Kompott vermischen.

7. Den Pfannkuchen mit dem Obst servieren.

Auch wenn sie Euch mittlerweile aus dem Hals heraushängen, die Eisernen Rationen – so aufbereitet werdet Ihr sie lieben.

Ihr benötigt pro normalem Esser:

schmeißt einfach zusammen, was von den eisernen Rationen noch übrig ist (1 Hand voll Trockenobst, Anm. d. Red.)
1/2 Tasse Weißwein
1/2 Tasse Wasser
1/2 Zimtstange
1 kleiner Löffel Vanillezucker
Saft einer halben Zitrone
1/2 Tasse Orangensaft

für den Teig:
75 g Mehl
1/2 Tasse Milch
1 Ei
1 Suppenlöffel Öl
1/2 Suppenlöffel Zucker
1 Prise Salz
1 kleinen Löffel voll Vanillezucker
Fett zum Ausfetten

sowie:
1 Suppenlöffel Butter
1 Suppenlöffel Zucker
3 Suppenlöffel gehobelte Mandeln
1 Suppenlöffel Pistazien
1 Suppenlöffel Pinienkerne

Parfait „Elfenpalast"

1. Nüsse und Fruchtzucker lasst unter ständigem Rühren in der Alchemistenpfanne karamellisieren. Auf ein mit Öl bestrichenes Backblech geben, erkalten lassen. Anschließend grob hacken. Die Trockenfrüchte klein würfeln.

2. Die Hälfte der Sahne mit Zitronensaft und Vanillemark zum Kochen bringen.

3. Eigelbe und Honig in einer metallenen Schüssel über einem Wasserbad mit dem Schneebesen cremig rühren. Dann langsam die heiße Sahne dazugießen und so lange bei schwacher Hitze schlagen, bis die Masse dickschaumig wird. Aus dem Wasserbad nehmen und unter öfterem Durchschlagen erkalten lassen.

4. Die restliche Sahne steif schlagen und mit den Nüssen und den Trockenfrüchten unter die Parfaitmasse mischen. In eine Terrinenform von 1,5 l Inhalt füllen und zugedeckt vor dem Frostmagier aufstellen. Einen Eisball-Zauber der dritten Stufe darauf wirken lassen, ein paar Minuten warten, bis alles durchgefroren ist (über Nacht in die Tiefkühltruhe, Anm. d. Red.). Das Parfait vor dem Servieren kurz bei Zimmertemperatur stehen lassen, dann stürzen und in Spalten teilen.

Ihr benötigt für
1–2 Halblinge oder
6 normale Esser:

100 g gemischte Nüsse nach Euren Vorlieben
50 g Fruchtzucker
150 g gemischte Trockenfrüchte, zum Beispiel eine halbe Eiserne Ration „Weiter Weg"
400 g Sahne
Saft von 1 Zitrone
ausgeschabtes Mark einer Vanilleschote
4 Eigelbe
50 g flüssigen Honig

Spezialausrüstung:
1 Alchemistentopf, in dem Euch nichts anbrennt, z. B. die „Schnellgewaschen-Pfanne" von Kratzgut & Söhne
1 Frostmagier

Greifeneieromelett „Ogersatt delikat“

1. Für das Omelett siebt das Mehl in eine Schüssel. Die Eier gebt zusammen mit Milch, 1 Prise Zucker und etwas Salz dazu und verrührt alles zu einem Teig. Diesen lasst etwa eine Stunde ruhen.

2. Die Rosinen und den Rum in eine Schüssel geben und sie rund 30 Minuten marinieren.

3. Währenddessen den Kürbis schälen, von den weichen Faserteilen sowie den Kernen befreien und das feste Fruchtfleisch grob raspeln.

4. Heizt den Ofen gut an (vorgeheizter Backofen, 180 Grad, Anm. d. Red.). Fettet eine Auflaufform mit Butter aus. 2 Suppenlöffel Butter in einer großen Pfanne zerlassen. Den Teig dazugeben und daraus ein Omelett backen. Dieses in die Auflaufform legen.

5. Die Walnusskerne grob hacken, zusammen mit dem Zucker und den Kürbisraspeln zu den Rosinen geben und alles miteinander vermischen. Die Mischung auf die eine Hälfte des Omeletts geben und die andere Hälfte darüber klappen.

6. Milch, saure Sahne, Zucker und Eier zusammen in eine Schüssel geben. Das Vanillemark aus der Schote kratzen, dazugeben und alles miteinander verquirlen. Die Mischung über das Omelett gießen. Die Butter in Flöckchen schneiden und darüber verteilen.

7. In einem Topf Wasser aufkochen. Die gefüllte Auflaufform in eine etwas größere Form stellen und diese so mit siedendem Wasser füllen, dass die kleinere Form zu etwa $^2/_3$ im Wasser steht. Das Ganze im Wasserbad inmitten des Ofens (mittlere Schiene, Anm. d. Red.) etwa 45 Minuten garen, bis die Sahnemasse stockt.

Ihr benötigt für
1 Halbling oder
4 normale Esser:

für das Omelett:
3 Suppenlöffel Mehl
2 Eier
100 ml Milch
Zucker
Salz
2 Suppenlöffel Butter

für die Füllung:
50 g Rosinen
2 Suppenlöffel Rum
600 g Kürbis
50 g Walnusskerne
50 g Zucker
200 ml Milch
200 g saure Sahne
50 g Zucker
3 Eier
1 Vanilleschote
3 Suppenlöffel Butter

sowie 1 Suppenlöffel Butter für die Form

Das Originalrezept stammt ein weiteres Mal von einer mir freundschaftlich zugetanen Ogerprinzessin. Der Greif steht in der Ogermythologie für Herrschaft und Stärke, Unbeugsamkeit und Stolz. Von daher ist es Teil einer jeden Krönungszeremonie, dass der junge Ogerprinz oder die junge Ogerprinzessin sich in die Berge begibt und dort von den höchsten Gipfeln aus einem Greifenhorst zwei Eier stiehlt. Die Mortalitätsrate bei dieser Unternehmung ist entsprechend hoch und wahrscheinlich der Grund dafür, dass die Ogermajestäten nicht nur einen Spross zum Nachfolger ausbilden, sondern jedes Königskind von früh bis spät gedrillt wird.
Meine Variante für den Abenteurer ist weniger mystisch und spektakulär, dafür dürft Ihr sicher sein, das Mahl noch zu genießen.

Beutebrötchen oder Schatzsemmel

1. Das Mehl und etwas Salz gebt in eine Schüssel, formt in der Mitte eine Mulde. Zerbröckelt die Hefe und verrührt sie mit dem lauwarmen Wasser und dem Zucker. Gebt diesen Vorteig in die Mulde, verrühret ihn nicht. Deckt die Schüssel zu und lasst alles gehen.

2. Wascht die Korinthen und trocknet sie gut ab. Gebt Sahne, Zitronenschale und Korinthen zum Mehl, vermischt alles vorsichtig. Gebt, wenn nötig, noch lauwarmes Wasser zu. Schlagt den Teig nicht! Deckt alles ab und lasst ihn bis zur doppelten Menge aufgehen.

3. Mit einem Suppenlöffel stecht Ballen aus. Füllt diese mit der Beute oder Eurem Schatz. (Geht es Euch nur ums Essen, so überspringt diesen Punkt.) Legt die Ballen auf ein gefülltes Tuch, lasst sie wiederum gehen. Die Butter in einer sehr großen, gut verschließbaren Pfanne erwärmen, auf keinen Fall zum Kochen bringen. Das Wasser vorsichtig zugießen. (Ist das Fett zu heiß, kommt es hierbei zu Unfällen – achtet unbedingt darauf oder habt einen Heilkundigen in der Nähe.)

4. Die schön aufgegangenen Brötchen gebt ins heiße Fett und lasst sie zugedeckt bei schwacher Hitze 15 Minuten ziehen. Dann nehmt den Deckel ab und gart sie im heißen Fett noch weitere 5 Minuten.

Ihr benötigt für
1 Halbling oder
4 normale Esser:

1 kg Mehl
2 kräftige Prisen Salz
1 1/2 Würfel Hefe
2 kleine Löffel Zucker
200 g Korinthen
1/4 l Sahne
abgeriebene Schale einer Zitrone
etwas lauwarmes Wasser
Mehl für das Tuch
1,5 kg Butter
1/4 l Wasser

Der Name Beutebrötchen stammt von der schurkischen Einbrecherin, die man landauf und landab nur als „das listige rote Hannerl" kennt. Sie beraubte die Schatzkammer des Fürsten vom Hohen Wald und hatte sich für das Entfernen der Beute aus dem Schloss einen besonderen Plan einfallen lassen: Sie mischte sich als Küchenmagd unter die Bediensteten und in obiges Rezept mehrere Handvoll der schärfsten erreichbaren Gewürze, nachdem sie die Kleinodien eingebacken hatte. Dem Fürsten reichte sie 2 Brötchen ohne Kleinodien, woraufhin dieser ob der Schärfe der Brötchen erst Feuer gespuckt, dann getobt haben soll. Er verurteilte die schändliche Küchenmagd dazu, sämtliche von ihr gebackenen Brötchen auf dem Dorfplatz vor aller Augen selbst zu verspeisen – eine angemessene Strafe, wie es scheint. Einmal aus dem Schloss hinaus, war es dem listigen Hannerl ein Leichtes, ihrer Bewachung zu entgehen und mit den Kleinodien in den Brötchen zu entwischen. Die Beutebrötchen machten sie reich, dieser Coup weltberühmt.
Ich selbst pflege eine Variante der Beutebrötchen zu backen, wenn meine mitreisenden Abenteurer und ich Zollstationen zu durchqueren haben. Ich nenne diese Variante dann Schatzsemmeln, sie sind meist einfacherer Natur als das komplizierte Hefegebäck.

Zerrissener Pfannkuchen „Lagerleben"

1. Heizt Euren Ofen gut an. (Auf 200 Grad, Anm. d. Red.)

2. Die Milch mit den Eigelben, dem Salz und dem Vanillezucker verquirlen und nach und nach mit dem Mehl vermischen. Die Rosinen kurze Zeit in lauwarmem Wasser einweichen, dann abtrocknen und unter den Teig geben. Die Eiweiße steif schlagen und zum Schluss vorsichtig unter den Eierteig ziehen.

3. Etwas Butterschmalz in einer Pfanne (mit einem feuerfesten Griff) auf dem Feuer erhitzen und den Teig hineingeben. Gleich vom Feuer nehmen und inmitten des Ofens dann 20 Minuten aufgehen lassen.

4. Anschließend bei mittlerer Hitze die Pfanne auf den Herd stellen, den Pfannkuchen wenden und die andere Seite bräunen lassen. Mit 2 Gabeln den gebackenen Teig in kleine Stücke zerreißen und mit Puderzucker bestreuen. Der Zucker soll in der Pfanne noch etwas glasieren.

Ihr benötigt für 1 Halbling oder 4 normale Esser:

1/2 l Milch
6 Eier, getrennt
1/4 eines kleinen Löffels voller Salz
1 Suppenlöffel Vanillezucker
250 g Weizenmehl
100 g Rosinen
Butterschmalz zum Braten
Puderzucker zum Bestreuen

Gerichte für den kleinen Hunger unterwegs

Wann immer Ihr auf Reisen seid, werter Leser, werdet Ihr irgendwann Hunger bekommen, aber nicht immer könnt Ihr rasten und ein Mahl zubereiten. Vielleicht habt Ihr etwas ausgefressen und werdet verfolgt, es könnte in Strömen regnen oder Ihr findet schlicht keinen annehmbaren Lagerplatz. In solchen Fällen greift zurück auf Backwerk vom Vortage, auf Obst, frisch vom Baum gepflückt, oder darbt und hungert.

Wenn Ihr jedoch mit Euren Reisegefährten gut steht, dann findet für die Tage, an denen Ihr spät abends nach einem langen, anstrengenden Tage das Lager aufschlagt und zu ermüdet seid, um groß aufzutischen, eine Vereinbarung: Sie kümmern sich um das Aufstellen der Zelte, Ihr kümmert Euch um eine schnelle Mahlzeit. Mit diesen Fällen beschäftigt sich das folgende Kapitel – mit etwas Übung braucht Ihr für jedes Gericht nicht mehr als 30 Minuten.

Halblingsche Buchweizenpfannkuchen

Ihr benötigt für
2 Barbaren oder
4 normale Esser:

250 g fein gemahlenes Buchweizenmehl
1 Ei
1 kleinen Löffel Salz
1/2 l Wasser
Fett zum Braten
gesalzene Butter zum Bestreichen
100 g würzigen Käse, z. B. Gruyère, in dünne Scheiben oder Streifen geschnitten
8 weitere Eier
Fett zum Braten

1. Bereitet an einem kurzen mittäglichen Aufenthalt, beispielsweise während Ihr Eure Pferde tränkt oder Eure Füße in einem klaren Gewässer vom Laufen abkühlt, den Teig. Dazu gebt das Mehl in eine Schüssel und drückt eine Vertiefung in die Mitte. Schlagt dort das einzelne Ei hinein, fügt das Salz zu. Vermischt alles miteinander und gießt unter ständigem Weiterrühren nach und nach das Wasser hinzu, bis ein glatter Teig entsteht. Packt alles beiseite und setzt Eure Reise fort – der Teig soll nun mindestens 2 Stunden quellen.

2. In einer großen, flachen Pfanne erhitzt wenig Fett und verteilt es gleichmäßig über den Pfannenboden. Gebt ein wenig Teig in die Mitte der Pfanne. Mit einem Holzspachtel oder Löffelrücken den Teig von der Mitte her nach allen Seiten ganz flach verteilen. Der Pfannkuchen soll ganz dünn sein.

3. Wenn die Unterseite zu bräunen beginnt – das braucht etwas Zeit, weil der Teig sehr viel Flüssigkeit enthält – mit einem breiten Pfannenmesser wenden und auf der anderen Seite goldbraun backen.

4. Jedem Pfannküchlein noch in der Pfanne ein Stücklein gesalzene Butter aufsetzen und verstreichen. Jeweils mit einer Käsescheibe belegen. In die Mitte jedes Pfannkuchens setzt ein aufgeschlagenes Ei und bratet kurz weiter, damit das Eiweiß etwas fest wird. Dann zuerst auf die Hälfte, dann auf ein Viertel zusammenfalten und zwischen am Feuer gewärmten Metallschilden warm halten (vorgewärmte Teller erfüllen den gleichen Zweck, Anm. d. Red.). Weitere 7 Pfannküchlein auf diese Weise herstellen und zusammen mit einem oder zwei Bechern Cidre an die hungrige Meute verfüttern.

Immerfisch

1. Den ausgenommenen Fisch schuppen und von außen und innen gründlich waschen, dann trocken tupfen. Die Innenseite des Fisches reibt ein mit Salz und Pfeffer.

2. Die Schalotten schälen, fein hacken und mit dem Öl in eine kleine Schüssel geben. Dann Majoran, Rosmarin, etwas Salz und Tomatenessenz hinzufügen. Gebt den Zitronensaft hinzu und verrührt alles gut. Schmeckt ab mit dem Cayennepfeffer.

3. Den Grill gut anfeuern (Backofengrill, vorgeheizt, Anm. d. Red.). Den Fisch auf beiden Seiten mehrmals schräg einschneiden und ihn in eine feuerfeste Form legen. Von beiden Seiten mit der Schalotten-Marinade bestreichen. Die restliche Marinade obenauf verteilen. $^1/_8$ l Weißwein mit in die Form gießen.

4. Den Fisch grillt unter dem heißen Grill des Ofens auf mittlerer Schiene etwa 20 Minuten. Während der Grillzeit den Fisch drei- bis viermal mit der Marinade begießen und zwischendurch vorsichtig wenden.

5. Den Fisch auf einer gewärmten Platte anrichten. Den restlichen Weißwein verrührt Ihr mit der Marinade und reicht jene extra zum Fisch.

Ihr benötigt für
2 Barbaren oder
4 normale Esser:

- 1 Fisch von 2 Pfund, ausgenommen und küchenfertig (z. B. einen Seebarsch)
- Salz und schwarzen Pfeffer
- 2 Schalotten
- 1/8 l Olivenöl
- 1 kleinen Löffel getrockneten Majoran
- 1 kleinen Löffel getrockneten Rosmarin
- 1 kleinen Löffel Tomatenessenz (Tomatenmark, Anm. d. Red.)
- Saft von 1 Zitrone
- Cayennepfeffer
- 1/4 l trockenen Weißwein

Immerfisch wird das Rezept genannt, weil Ihr das Mahl mit nahezu jedem Fisch bereiten könnt, und immer wird Euch Euer Gaumen danken. Dazu kommt, dass immer ein Bachlauf zu finden ist, dem ein geübter Abenteurer mit ein wenig Geschick immer den einen oder anderen Bewohner entreißen kann. Meist ist dafür nicht einmal eine Angel vonnöten. Das Gericht dürfte Euch also immer wieder begegnen, und das sind nun auch wirklich genügend Immers für den Namen, meint Ihr nicht auch?

Fürstenfenchel

1. Die Fenchelknollen grabt nachts bei Vollmond aus und wascht sie in Wasser mit einigen Spritzern Gin, der von Kobolden gebrannt wurde. Mit einem roten Tuch abtrocknen.

2. Schneidet das Grün ab und legt es beiseite. Die Fenchelknollen längs in halb daumendicke Scheiben schneiden.

2. Die Fenchelscheiben gart für 3 Minuten in kochendem Salzwasser. Mit einer Schaumkelle herausnehmen, auf dem roten Tuch gut abtropfen lassen.

3. Den Ofen anfeuern. (Backofen auf 220 Grad vorheizen, Anm. d. Red.)

4. Eine feuerfeste Form fettet ein und ordnet die Fenchelscheiben darin dachziegelartig von Nord kommend nach Süd an.

5. Die Crème fraîche gebt in eine Schüssel. Den Knoblauchkäse und die Milapurnüsse fügt hinzu und rührt alles gut durch. Die Mischung mit Salz und Pfeffer schmeckt kräftig ab und verteilt sie gleichmäßig auf dem Fenchel, diesmal kommend von Süd nach Nord.

6. Überbackt das Gemüse inmitten des Ofens in 15 Minuten goldbraun. Bestreut es dann mit dem zurückgehaltenen Fenchelgrün in kreisförmigen Bewegungen.

7. Reicht Stangenweißbrot und einen leichten Weißwein dazu.

Ihr benötigt für 1 traurige Dame und ihren Gemahl oder 4 normale Esser:

reichlich 3 Pfund Fenchel
Salz
Fett für die Form
400 g Crème fraîche
300 g Knoblauchgouda, frisch gerieben
200 g gemahlene Milapurnüsse (Haselnüsse sind ein akzeptabler Ersatz, Anm. d. Red.)
schwarzen Pfeffer

Fürstenfenchel ist ein magisches Mahl, das viele Hexen unglücklichen Damen verschreiben, die es dann für ihre Gatten kochen. Der Zweck … nun, man sagt, das Gemüse bringe wenigstens zeitweise die Jugend zurück. Da es – obgleich für die Herren der Schöpfung gekocht – doch den größten Nutzen für die Damen hat, frage ich mich schon lange, ob es nicht eigentlich Fürstinnenfenchel heißen sollte. Wie auch immer, jedenfalls ist der Fürstenfenchel nur ein Beispiel dafür, wie magisch ein Mahl wirken kann, ohne dass dafür ein Zauber gesprochen werden muss.
Zu Risiken und Nebenwirkungen fragt Eure Hexe oder den nächsten Alchemisten.

Quälgurke im Speckmantel

1. Die Quälgurken fangen. Tötet sie ab, indem Ihr sie in kochendes Salzwasser werft und 5 Minuten blanchiert.

2. Nehmt sie heraus, halbiert sie.

3. Verrührt die Tomatenessenz mit den fein gehackten Knoblauchzehen, der Zitronenschale und dem gehackten Thymian. Bestreicht damit die Quälgurkenhälften.

4. Bestreut sie mit Salz und Pfeffer, setzt die Quälgurken wieder zusammen.

5. Umwickelt sie mit je 2 Scheiben Speck.

6. Fettet eine feuerfeste Form aus, legt die Quälgurken hinein.

7. Bestreut sie mit Käse und backt sie für 15 Minuten im gut angeheizten Ofen (vorgeheizter Backofen, 200 Grad, Anm. d. Red.).

Ihr benötigt für
2 Barbaren oder
4 normale Esser:

4 mittelgroße Quälgurken (schmackhaft auch mit Zucchini, Anm. d. Red.)
1 Handvoll Tomatenessenz (Tomatenmark, Anm. d. Red.)
2 Knoblauchzehen
1 kleinen Löffel geriebene Zitronenschale
1 Bund Thymian
1/2 kleinen Löffel Salz
1/4 kleinen Löffel weißen Pfeffer
8 dünne Scheiben durchwachsenen Speck
2 Suppenlöffel Butter
1 Tasse geriebenen Käse

Quälgurken *(Cucumeris terribilis wartenmausensis)* sind ein Kuriosum in der Pflanzenwelt. Oftmals legt der Samen sehr weite Wege zurück, manchmal gar über ein ganzes Meer. Dann schlägt die Pflanze Wurzeln und scheint sich wie ein normales Kürbisgewächs zu entwickeln. Wirklich seltsam werden die Früchte nach der Blüte, denn dann versuchen jene, den Ort zu erreichen, an dem ihre Mutterpflanze sie einst als Samen in die Welt geschickt hat. Zu diesem Zweck schließen sich die Quälgurken in riesigen Rudeln zusammen und durchqueren Wälder und Wüsten, Moore und Meere. So kann man nahezu überall auf der Welt auf ein Rudel dieser Wandergurke treffen. Mit einem Netz oder auch mit Pfeil und Bogen sind sie leicht zu erlegen. Gegenwehr wird nicht geleistet, allerdings neigen die Gurken in Gefangenschaft zu einem Heulen, als würden sie gequält, wovon sich ihr Name ableitet.
Man führt die Entstehung der Quälgurke auf den Magier, begeisterten Botaniker und Liebhaber pflanzlicher Gerichte Prof. Dr. Dr. mag. bot. mult. Zylopus Hieronimus Wartenmaus zurück, der eine Nutzpflanze zu erschaffen suchte, die keinen Platz in seinem Garten verbrauchte, seine Tafel indes bereicherte, wenn ihre Früchte reif heimkehrten. In vielen abgelegenen Gegenden kann man kleine Schreine oder Statuen finden, die zu Ehren Wartenmaus' von der dankbaren Landbevölkerung errichtet wurden, weil sie von einem durchziehenden Rudel Quälgurken vor einer Hungersnot gerettet wurden.

Bauernkohl nach Halblingart

1. Putzt den Spitzkohl, viertelt ihn und entfernt den Strunk. Die Spitzkohlviertel quer in sehr schmale Streifen schneiden, waschen und gut abtropfen lassen.

2. Putzt und wascht die Frühlingszwiebeln. Schneidet sie in kleine Ringe.

3. Erhitzt die Butter in einem breiten Topf, dünstet die Frühlingszwiebeln darin kurz an. Fügt den Spitzkohl zu und dünstet ihn 5 Minuten lang. Vergesst nicht umzurühren.

4. Gießt den Sherry dazu und rührt die Crème double ein. Würzt mit Worcestersauce, Salz und Pfeffer, lasst alles zugedeckt bei mittlerer Hitze 10 Minuten dünsten.

5. Röstet die Sonnenblumenkerne ohne Fett goldgelb an – das gelingt am besten in einem Alchemistentopf (z. B. der „Schnellgewaschen-Pfanne“ von Kratzgut & Söhne). Schmeckt das Gemüse nun ab, streut zum Schluss die Sonnenblumenkerne ein.

Ihr benötigt für
1 Halbling oder
4 normale Esser:

1 kleinen Spitzkohl von einem guten Pfund
4 Frühlingszwiebeln
2 Suppenlöffel Butter
einen knappen Barbarentropfen trockenen Sherry (8 cl, Anm. d. Red.)
250 g Crème double
1 Suppenlöffel Worcestersauce
Salz
weißen Pfeffer
2 Suppenlöffel Sonnenblumenkerne

Der Bauernkohl macht sich auch gut als Beilage zu deftigem oder feinem Fisch und Fleisch – variiert ein wenig die Gewürze und den beigefügten Alkohol, und Ihr könnt jedes Hauptgericht damit zieren.

Dickbauchens Knurkselblampsch-Pfanne

1. Die Auberginen waschen und vom Stengelansatz befreien. Erst viertelt Ihr sie längs, dann schneidet Ihr sie in halb daumendicke Scheiben. In einer großen Pfanne bratet Ihr diese in heißem Olivenöl. Nehmt das Gemüse heraus.

2. Den Knoblauch schält und hackt. Gebt ihn ins verbliebene Bratfett, bis er goldbraun ist.

3. Gebt das Hackfleisch dazu, bratet alles gut an.

4. Die Tomatenstückchen fügt nun bei und lasset alles bei starker Hitze um ein Drittel einkochen.

5. Die Auberginen werft zurück in die Pfanne. Würzt alles mit Salz, Pfeffer und Thymian und lasst es 10 weitere Minuten köcheln.

Ihr benötigt für 6 Goblins oder 4 normale Esser:

- 1 gutes Pfund Auberginen
- 5 Suppenlöffel Olivenöl
- 4 Knoblauchzehen
- 1 Pfund Hackfleisch
- 1 Pfund Tomatenstücke ohne Haut
- Salz und schwarzen Pfeffer
- 2 kleine Löffel Thymian

„Knurkselblampsch" – mögen die Götter wissen, wie man es richtig ausspricht – stammt aus dem Goblinschen und bedeutet in etwa „all das, was auf dem Boden liegt, nicht zu sehr stinkt und nicht zu schnell davonläuft" (so jedenfalls Inmut Wissensberg in seiner „Abhandlung über früh-goblinoide Dialekte in 33 Bänden"). Wobei man sich fragen darf, ob es überhaupt irgendetwas gibt, das eine Goblinnase beleidigt.

Obwohl das Gericht in seiner Urform für den geneigten Leser wenig schmackhaft sein dürfte, hat sich doch der Name in weiten Teilen unserer Welt durchgesetzt für ein schnelles, unkompliziertes Pfannengericht. Ich muss wohl nicht erwähnen, dass meine Variante eine der köstlichsten ist, die Ihr jemals genießen werdet. Auch kalt ist mein Knurkselblampsch eine Freude für Euren Gaumen, einige Tropfen Rotweinessig oder Zitronensaft fügt hinzu, und Ihr habt schon eine kleine, delikate Wegzehrung für den nächsten Tag.

Muscheln nach Art des Schiffbrüchigen

1. Sammelt so viele Muscheln, wie Ihr finden könnt, nehmt aber nur geschlossene – die offenen werft weg. Wascht sie gründlich in einem fließenden Gewässer (wenn es ein solches auf Eurer Insel nicht gibt, braucht Ihr auch kein Essen mehr zuzubereiten). Lasst sie gut abtropfen in einem Blättersieb.

2. Setzt 5 Muscheln rosettenartig in die Mitte Eures Stückes Holz – mit der Spitze nach vorne. In die Zwischenräume setzt die nächste Reihe von Muscheln, wieder mit der Spitze nach vorn – die Muscheln müssen dabei fest zusammenhalten. Macht Reihe für Reihe weiter, bis Euch die Muscheln ausgehen. Euer Holzstück soll wie eine Rose mit vielen Blättern aussehen.

3. Bedeckt die Muscheln mit den ganzen trockenen Tannennadeln pyramidenartig und zündet jene an. Die Tannennadeln verbrennen in rund 8 Minuten zu Asche, und die Muscheln sind schon fertig – sie sind noch geschlossen und enthalten den Muschelsaft.

4. Zum Aufbrechen nehmt ein stumpfes Messer oder ein dünnes Stück Holz. Doch verbrennt Euch nicht die Finger, die Muscheln sind heiß.

Ihr benötigt für 3 hungrige Matrosen oder 4 normale Esser:

rund 4 Pfund Muscheln (Miesmuscheln)
einen Eimer voller Tannennadeln (je nach angestrandeter Insel trockenes Zuckerrohr, Kokosfasern oder Ähnliches)
einen umgestürzten Mast oder gefällten Baum oder sonst eine Holzunterlage

Wenn Ihr hättet, wäre deftiges Landbrot mit feiner gesalzenen Butter wohl eine Delikatesse mit diesen Muscheln. Leider müsst ihr wohl auf verdorbenen Schiffszwieback zurückgreifen – und selbst dann könnt Ihr Euch glücklich schätzen.

Es scheint, als würde so ziemlich jeder Abenteurer im Laufe seines Lebens wenigstens ein Mal Schiffbruch erleiden. Seltsamerweise kommen die wenigsten dieser Berufsgruppe dabei ums Leben, ganz im Gegensatz zu den meisten Matrosen. Es scheint mir also angebracht, für diese vorhersehbarste aller Katastrophen vorzubeugen und Euch ein Rezept mitzugeben, das ohne Gewürze auskommt, schnell und einfach und ohne Küchenhilfsmittel herzurichten ist, dabei aber Euren Gaumen nicht beleidigt. Viel Erfolg auf Eurer einsamen Insel. Wer mehr zum Thema Notfallessen wissen will, erwerbe mein Buch „Katastrophen kulinarisch bewältigen – ein Leitwerk zum Überleben", welches in Kürze erhältlich sein wird.

Stichwortverzeichnis und Glossar

Barbar – ein Bursche von runden 2 Metern Größe und einem Meter Schulterbreite, der nichts mehr liebt als den Kampf und die Frauen. Bevorzugt Fleisch, um sich für die körperlichen Herausforderungen zu stärken, und trinkt alles, was Ihr ihm vorsetzt, sofern es Alkohol enthält.

Basilisk – essbares Monster. Im lebendigen Zustand ein beachtenswerter Gegner, der seine Beute mit einem Blick versteinern kann. Vom Aussterben bedroht, da der Basilisk versteinerte Nahrung nicht verwerten kann.

Drache – essbares Ungetüm. Es empfiehlt sich, junge Drachen zu verspeisen, nicht nur weil sie zarter, sondern auch deutlich weniger wehrhaft als die älteren Exemplare sind.

Elfen – „das schöne Volk". Sehr vielseitige, an die jeweilige Kaste angepasste Küche, von langweiligen, geschmacklosen Gemüsepfannen bis hin zum kulinarischen Kunstwerk kann man alles finden.

Goblin – grünhäutiges Volk unbeschreiblicher Widerwärtigkeit. Hat zur modernen Küche nur ein Wort beigetragen, das man besser nicht übersetzt.

Greif – ungenießbares Monster. Aus seinem Horst geraubte Eier erreichen jedoch Höchstpreise auf Feinschmeckermärkten.

Halbling – kleinwüchsiges und freundliches Volk, solange man die Ordnung der Dinge nicht durcheinander bringt. Vor allem der Dinge, die in der Halblingküche passieren. Unübertroffene Köche und stets hungrige Esser.

Magier – Kamerad und Küchenutensil. Die sinnvolle und stilgerechte Nutzung eines Feuer- oder Frostmagiers hat die Kochwelt vor nicht allzu langer Zeit revolutioniert.

Oger – vielseitige Charaktere. Meist schroff und zurückweisend, haben sie einige erstaunlich geschmackvolle Gerichte entwickelt. Dennoch sollte man eine Einladung zum Abendessen – ausgesprochen von einem unbekannten Oger – besser ablehnen.

Ork – liederliche Gesellen von erstaunlicher Feindseligkeit. Meist trifft man sie auf der anderen Seite des Schlachtfelds. Ihre Kochkunst besteht ausschließlich aus Ein-Topf – und dieser eine Topf wird nie gespült.

Treant – Baumriesen. Groß und unbeugsam, wenn auch ein wenig behäbig. Im Winter zu wenig zu gebrauchen, im Sommer stehen sie jedoch in vollem Saft. Kulinarisch erwähnenswert sind die Früchte der Obstsorten-Treanten.

Untote – erwähnenswert nur, weil einer der größten Köche unserer Zeit nicht aus der Welt verscheiden wollte und ein Un-Leben als Lich wählte. Leider schien dem Untoten die Fähigkeit abzuschmecken abhanden gekommen zu sein, sodass alles in einer Küchenkatastrophe endete.

Vogel Rock – essbares Monster. Füttert seine Küken gern mit vorwitzigen Abenteurern.

Wolkenriese – umgängliche, sehr intelligente Riesen mit traditionsreicher Küche. Die Riesen werden bis zu 15 Metern groß, und derart umfangreich sind auch ihre Speisen.

Wolpertinger – essbares Wild. Verwandter von Hasen, Hirschen und Federvieh.

Zwerge – bärtig, klein, gemein. Neigen dazu, ihre Speisen mit Steinmehl zuzubereiten. Daher kann man das eine oder andere ihrer Gebäcke auch als Waffe benutzen. Zur allgemeinen Küche tragen sie vor allem ihr Bier bei, das allerdings weithin gerühmt wird.

Der Text dieses Buches entspricht den Regeln der neuen deutschen Rechtschreibung.

FSC
Mix
Produktgruppe aus vorbildlich bewirtschafteten Wäldern und anderen kontrollierten Herkünften
Zert.-Nr. IC-COC-100001
www.fsc.org
© 1996 Forest Stewardship Council

Das für dieses Buch verwendete FSC-zertifizierte Papier *Profimatt* wird von Sappi Deutschland GmbH im Werk Ehingen produziert und von der IGEPA geliefert

Verlagsgruppe Random House FSC-DEU-0100

ISBN 978-3-8094-2267-9

Idee, Konzeption und Text: Sascha Storz, Egling an der Paar
Cover- und Innengestaltung sowie alle Zeichnungen:
Sonja Storz, Egling an der Paar
Redaktion: Anja Halveland
Herstellung: Sonja Storz
Bildredaktion: Elisabeth Franz
Rezeptfotos und Aufmacher: Falken Verlag 22 (Feiler), 34, 54 (Kerth), 12, 18, 20, 24, 26, 28/29, 30, 32, 36, 40, 46, 48, 50, 68 (TLC), Mosaik Verlag 42, 66, 70, 72 (Brauner), 14 (Eising), 38 (Feuz), 58, 62 (Kerth), 16 (Köhnen), 56 (Newedel), 52 (Pudenz), 74 (Schnell), 44/45, 60/61, 64 (Stüssel/Schmitz), 10/11 (Teubner), Fotos im Inhaltsverzeichnis aus dem Innenteil

Lithografie: PrePrint-Produktion, Zoran Dietner, München
Satz und Layout: Filmsatz Schröter, Iris Schweighart, München
Druck: Sachsendruck, Plauen

Printed in Germany

817 2635 4453 6271